Quiz-

Relig

100 Fragen & Antworte

7 Schwierigkeitss

benno

Wer sammelt die meisten Punkte und gewinnt beim Quiz-Spiel?

Die richtige Antwort erfährt man auf der Rückseite der jeweiligen Karte, zusammen mit einer ausführlichen Erklärung.

Das Quiz-Spiel kann mit Freunden und in Gruppen gespielt werden. Die Fragen können gegenseitig gestellt werden, und für jede richtige Antwort erhalten die MitspielerInnen die der Schwierigkeitsstufe entsprechende Punktzahl.

?

1 Was bedeutet das Wort »Christus«?

a griech. = Gesalbter
b von Kristall = der Leuchtende
c von Krise = Umbruch
d Nachname von Jesu Familie

2 Wie heißt ein Hilfsmittel zur Meditation im Buddhismus (ein Kreis- oder Vieleckbild)?

a Mandala
b Tarot
c Kindala
d Omadala

1 2 3 4 5 6 7

1 **a Christus griech. = Gesalbter** Hoheitstitel, den die Urgemeinde Jesus gab. Jesus, der Gesalbte Gottes, lebt als Erhöhter beim Vater. Nach ihm werden seine Anhänger Christen genannt.

2 **a Mandala** (Sanskrit), geometrisches buddhistisches Symbol zum Meditieren im Tantrismus, Lamaismus.

?

3 Wie lautet die aramäische Bezeichnung von »Vater«?

a Allah
b Daddy
c Abba
d Amen

4 An welchem Fest feiern die Christen die Auferstehung von Jesus Christus?

a Ostern
b Weihnachten
c Pfingsten
d Fastnacht

1 2 3 4 5 6 7

3 **c Abba** von aramäisch = Vater. Eigentlich ist es sogar die Koseform, d. h. richtigerweise müsste es »Papa« oder »Vati« heißen.

4 **a Ostern** An diesem Tag feiern die Christen die Auferstehung Jesu. (Vgl. Mk 16; Mt 28ff; Lk 24ff; Joh 20ff) Ostern fällt auf den ersten Sonntag nach dem Frühlingsvollmond (möglich vom 22. März bis 25. April).

?

5 Was für Fleisch isst der Muslim nicht?

a Rindfleisch
b Hammelfleisch
c Hühnerfleisch
d Schweinefleisch

6 Was bedeutet die Abkürzung »St.« vor einem Namen?

a Studiert
b Sankt
c Staatlich
d Salvator

1 2 3 4 5 6 7

5 **d Schweinefleisch** Der Islam und das Judentum kennen bestimmte reine und unreine Tiere. Ursprünglich sicher ein hygienisches Gesetz, nimmt das Verbot von Schweinefleisch später einen religiösen Charakter (Unterscheidung von »Ungläubigen«) an.

6 **b Sankt** von lat. sanctus = heilig. Als heilig wird in der katholischen Kirche jemand bezeichnet, der oder die ganz für Gott gelebt hat und von der Kirche als Vorbild benannt wurde.

?

7 Wie lautet eine andere Bezeichnung für die Jungfrau und Gottesmutter Maria?

- **a** Melanie
- **b** Madonna
- **c** Mel B.
- **d** Marylen

8 Wie heißt die Mauer, an der die Juden trauern und ihre Bitten vor Gott bringen?

- **a** Klagemauer
- **b** Berliner Mauer
- **c** Große Chinesische Mauer
- **d** Limes

1 2 3 4 5 6 7

7 **b Madonna** von it. = meine Herrin, von lat. = mea domina. Bezeichnung für Maria, abgeleitet von Jesus dem »Herrn«.

8 **a Klagemauer** Letzte Überreste des Tempels (dieser Teil von Herodes d. Gr. ab 19 v. Chr. gebaut) in Jerusalem. Kultstätte der Juden, an der sie dem verlorenen Tempel nachtrauern und ihre Gebete und Bitten in Form von kleinen Zetteln, die sie in die Mauerfugen stecken, vor Gott bringen.

?

9 Welche der genannten Religionen ist die älteste?

a Hinduismus
b Christentum
c Islam
d Buddhismus

10 Was ist das wichtigste Zeichen der Christen?

a das Kreuz
b der Fisch
c das Schiff
d der Wetterhahn

1 2 3 4 5 6 7

9 **a Hinduismus** gilt als eine der ältesten Weltreligionen. Der H. tritt in der heutigen Form ab dem 4. Jh. v. Chr. in Erscheinung.

10 **a Kreuz** Es war schon in frühen Zeiten das Zeichen der Christen, allerdings zuerst ein Zeichen der Verspottung durch andere. Das Kreuz ist aber ein Zeichen für die Erniedrigung Gottes zugunsten der Menschen und damit ein Beispiel, dass menschliches Leid nicht das Ende, sondern der Anfang des Lebens bedeutet.

?

11 Welches ist das wichtigste heilige Tier im Hinduismus?

a Schwein
b Kuh
c Nashorn
d Elefant

12 Wie heißt der Gründer des Buddhismus?

a Konfuzius
b Hare Krishna
c Buddha
d Dalai Lama

1 2 3 4 5 6 7

11 **b Kuh** ist im Hinduismus heilig. Sie versinnbildlicht den nichtmenschlichen Teil der Natur, die Friedlichkeit und die Mutterschaft (nach Gandhi).

12 **c Buddha** eigentlich Siddharta Gautama, geb. um 560 v. Chr. als Sohn eines Königs im heutigen Nepal. In einer Erleuchtung entdeckte er die »vier edlen Wahrheiten« – die Aufhebung aller Begierden nach Leben.

?

13 Wonach richtet sich der gläubige Muslim beim Gebet aus?

a Sonne
b Mekka
c irgendwie
d Rom

14 Wie heißt eine Meditationsübung aus dem Hinduismus?

a Yoghurt
b Yo-Yo
c Yoga
d Yang und Yin

1 2 3 4 5 6 7

13 **b Mekka** Stadt im heutigen Saudi-Arabien. Geburtsort des Propheten Mohammed. Dort befindet sich das Hauptheiligtum des Islam, die Kaaba. Beim täglichen fünfmaligen Gebet richten sich die Gläubigen nach Mekka aus.

14 **c Yoga** Psychotechnik aus dem Hinduismus, die davon ausgeht, dass zwischen Geist und Körper wechselseitige Beziehungen bestehen.

?

15 Wie beginnt das bekannteste und wichtigste Gebet der Christen?

a Ich bin klein, mein Herz ist rein …
b Vater unser im Himmel
c Möge der Wind immer in deinem Rücken sein
d Großer Gott, wir loben dich

16 Wie heißt der wöchentliche Feiertag der Juden?

a Sakrament
b Sabbat
c Seder
d Schalom

1 2 3 4 5 6 7

15 **b Vater unser im Himmel**
Das Vaterunser als das wichtigste Gebet der Christen verbindet fast alle Konfessionen. Es wurde von Jesus in der Bergpredigt den Jüngern selbst gelehrt (vgl. Mt 6,7-13, Lk 11,1-4).

16 **b Sabbat** Hebräische Bezeichnung des 7. Wochentages. Bereits in früher Zeit folgte in Israel auf 6 Werktage ein Ruhetag, an dem sich der Mensch ausruhen sollte.

?

1 Welche Religion zählt nicht zu den großen Weltreligionen?

a Christentum
b Islam
c Schamanismus
d Buddhismus

2 Wie heißt die Zeit zwischen Fastnacht und Ostern?

a Advent
b Fastenzeit
c Fünfte Jahreszeit
d Osterzeit

1 **c Schamanismus** Naturkult sibirischer, indianischer und afrikanischer Völker.

2 **b Fastenzeit** Die Zeit von Aschermittwoch bis Ostern dient der Vorbereitung auf das Fest der Auferstehung und wird traditionell von Fasten und besonderer Hinwendung zu Gott durch religiöse Übungen, Buße und Einkehr begleitet.

?

3 Welche der folgenden Gottheiten gehört zum Hinduismus?

a Ra
b Tao
c Shiva
d Kon-Tiki

4 Wie heißt die Stadt heute, in die der Prophet Mohammed zog, nachdem er aus Mekka vertrieben wurde?

a Kairo
b Jerusalem
c Bagdad
d Medina

1 2 3 4 5 6 7

3 **c Shiva** Hinduistische Gottheit, gilt als Zerstörer des Lebens und Schöpfer neuen Lebens, Quelle von Gutem und Bösem.

4 **d Medina** Islamischer Wallfahrtsort in Saudi-Arabien. Moschee mit den Gräbern Mohammeds, seiner Frau Fatima und seiner ersten Nachfolger.

?

5 Was bedeutet der päpstliche Segen »Urbi et Orbi« übersetzt?

a Allem und Allen
b der Stadt und dem Erdkreis
c Der Geist komme von oben
d Der Herr segne euch alle

6 Wie heißt die islamische Rechtsprechung, die auf dem Koran beruht?

a Synhedrin
b Scharia
c Inquisition
d Kamikaze

1 **2** 3 4 5 6 7

5 **b Der Stadt und dem Erdkreis** Päpstlicher Segen im Anschluss an die Osterbotschaft und die Weihnachtsansprache (als Bischof von Rom: urbi = der Stadt und Oberhaupt der römisch-katholischen Kirche: orbi = dem Erdkreis).

6 **b Scharia** Der Muslim sieht es als Willen Gottes an, in einer gläubigen Gemeinde zu leben, die sich an die Gesetze des Koran hält.

?

7 Wie heißt das heilige Buch des Islam?

- **a** Komoran
- **b** Kabbala
- **c** Koran
- **d** Korinth

8 Wie wird ein Lehrsatz des christlichen Glaubens, der eine geoffenbarte Wahrheit verkündet, bezeichnet?

- **a** Dogma
- **b** Sage
- **c** Predigt
- **d** Psalm

1 2 3 4 5 6 7

7 **c Koran** Heiliges Buch des Islam, wurde dem Propheten Mohammed offenbart. Unfehlbare Grundlage aller Gebote der Muslime.

8 **a Dogma** griech. = Verordnung, Satzung, Lehrsatz. In der katholischen Kirche eine Glaubensverpflichtung, in der evangelischen Kirche eine Lehrverpflichtung einer von Gott geoffenbarten Wahrheit.

?

9 Wie wird der Satz aus der Bergpredigt »Alles, was ihr von anderen erwartet, das tut auch ihnen« noch bezeichnet?

a Goldener Schnitt
b Goldene Regel
c Goldenes Zeitalter
d Goldene Worte

10 Wie heißt der Gebetsrufer im Islam?

a Bar-Mizwa
b Muezzin
c Mime
d Mormone

1 **2** 3 4 5 6 7

9 **b Goldene Regel** (Mt 7, 12) Als goldene Regel taucht dieser Satz in verschiedenen Religionen, Sprichwörtern und Philosophien auf (»Was du nicht willst, das man dir tu, das füg auch keinem anderen zu«; kategorische Imperativ von Kant).

10 **b Muezzin** Fünfmal am Tag ruft der Gebetsrufer vom Minarett zum Pflichtgebet – dem Salat – auf: Allahu akbar – Gott ist größer. Heute oft vom Tonband und über Lautsprecher.

?

11 Wie heißt der Gesetzeslehrer und Leiter der jüdischen Gemeinde?

a Rabbiner (hebr. Meister)
b Pharisäer (hebr. Vater)
c Abba (aram. Vater)
d Pastor (lat. Hirt)

12 Wie heißt der Fastenmonat der Muslime?

a Rukola
b Féz
c Ankara
d Ramadan

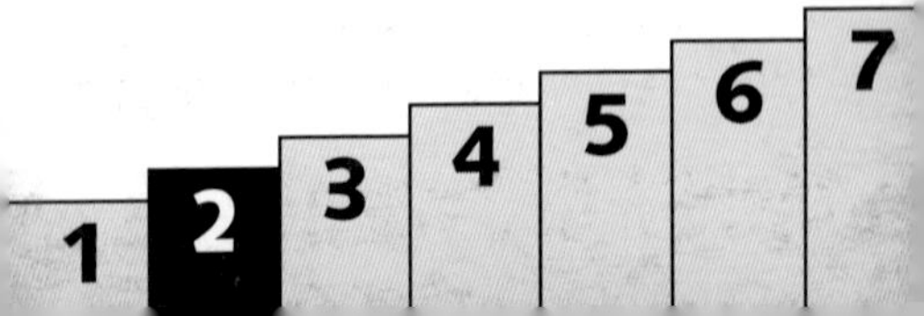

11 **a Rabbiner** hebr. = Meister. (Anrede auch: Rabbuni, Rabbi, Rebbe, Reb). Zuerst Schriftgelehrter, später dann Amtstitel. Im Diaspora-Judentum ist der Rabbi Gemeindeleiter.

12 **d Ramadan** ist ein 30tägiger Fastenmonat. Tagsüber wird auf Essen, Trinken, Rauchen und Sexualleben verzichtet. Beinhaltet auch Versöhnung mit Gegnern und Einladungen an Arme zum nächtlichen Essen.

?

13 Was heißt »Friede« auf Hebräisch?

a Schola
b Schalom
c Schlomo
d Schofar

14 Wie heißen die nichtmenschlichen Boten Gottes?

a Götzen
b Tauben
c Engel
d Geister

13 **b Schalom** hebr. = Friede, Heil. Bedeutet aber mehr: Zusammenfassung alles Guten, das Gott seinem Volk zugedacht hat.

14 **c Engel** von lat. angelus, griech. aggelos = Bote. Sie gelten als überirdische Geistwesen, die Gott loben und preisen und den Menschen Botschaften überbringen können.

?

1 Welcher Engel bestimmte Mohammed zum Propheten Allahs?

a Gabriel
b Seraphin
c Raphael
d Uriel

2 Wie heißt der heilige Fluss der Hindus?

a Nil
b Tigris
c Sambesi
d Ganges

1 2 **3** 4 5 6 7

1 **a Gabriel** Der Erzengel erschien nach dem Glauben der Muslime dem Mohammed und erwählte ihn als Propheten. Danach übergab ihm Gott selbst die Offenbarungen, die im Koran niedergeschrieben wurden.

2 **d Ganges** Der heilige Fluss der Hindus (Quelle im Himalaja, Länge 2700 km, größtes Delta der Welt zusammen mit dem Brahmaputra), in dem sie sich durch Waschungen von Sünden reinigen können.

?

3 Wer war der Gründer und Prophet des Islam?

a Abraham
b Mohammed
c Gandhi
d Ali Baba

4 Wie heißt die Weitergabe des Glaubens, besonders in anderen Ländern?

a Mission
b Konfession
c Exegese
d Advent

1 2 **3** 4 5 6 7

3 **b Mohammed** arab. = Gepriesener, Stifter des Islams, geb. um 570, gest. 632 n. Chr. Anfängliche Offenbarungen (ab 510) teilte er nur im engsten Kreis mit.

4 **a Mission** von lat. missio = Sendung. Missionare und Gläubige legen durch Tat und Wort von ihrem Glauben Zeugnis in der Welt ab.

?

5 Welche Stadt ist für Christen, Muslime und Juden gleichermaßen bedeutungsvoll?

a Rom
b Damaskus
c Jerusalem
d Bagdad

6 Welcher Tag der Woche ist für die Christen eigentlich ein Fasttag?

a Sonntag
b Freitag
c Montag
d Samstag

1 2 **3** 4 5 6 7

5 **c Jerusalem** Für die Juden als alte und neue Hauptstadt mit dem (zerstörten) Tempel, für die Christen als Stadt, in der Jesus gekreuzigt und auferstanden ist, für die Muslime als Heilige Stadt, dem Ort der Himmelfahrt Mohammeds.

6 **b Freitag** Der traditionelle Fasttag ist der Freitag in Anlehnung an den Karfreitag, an dem Jesus gestorben ist.

?

7 Wie heißt das Wort »Dreifaltigkeit« im Lateinischen?

- **a** Triade
- **b** Trinität
- **c** Triangel
- **d** Tribunal

8 Wie nennt man die Wallfahrt der Muslime nach Mekka?

- **a** Karma
- **b** Karawane
- **c** Haddsch
- **d** Hamadan

7 **b Trinität** von lat. tri, ens (esse) = drei sein. Das Geheimnis der Dreifaltigkeit: Gott Vater – der Schöpfer der Welt, Gott Sohn – der Mensch geworden ist, und Gott Heiliger Geist – die Kraft und Verbindung zwischen Vater und Sohn.

8 **c Haddsch** (Anstrengung, Hinwendung) Die vorgeschriebene Pilgerfahrt nach Mekka (siehe dort) ist Höhepunkt im Leben eines jeden Muslims.

?

9 Wie heißt das Gotteshaus der Muslime?

a Minarett
b Muezzin
c Mekka
d Moschee

10 Wie heißt die Zeit am Beginn des Lebens in einem Orden?

a Klausur
b Vikariat
c Tonsur
d Noviziat

1 2 **3** 4 5 6 7

9 **d Moschee** arab. = Aussetzungsort. Gotteshaus der Muslime, in ihm finden gemeinsames Gebet und Predigt statt. Gebetsnische in Richtung Mekka, daneben Predigtstuhl. Der Gemeindevorsteher – Imman – leitet den Gottesdienst.

10 **d Noviziat** von lat. novum = neu. Ein- bis zweijährige Zeit nach dem Postulat zum vertieften Einüben des Glaubens- und Ordenslebens und der Klärung der Berufung.

?

11 Was bedeutet der Begriff »Pastor«?

a Prediger
b Oberer
c Hirt
d Bewahrer

12 Welcher Gegenstand gehört zu den symbolischen Zeichen eines Bischofs?

a Evangeliar
b Glocke
c Stab
d Stola

1 2 **3** 4 5 6 7

(11) **c Hirt** lat. = pastor.
Abgeleitet von dem frühchristlichen Bild von Jesus als dem guten Hirten.

(12) **c Stab** Ein Zeichen, dass der Bischof als Hirt der Gemeinde vorsteht (weitere Zeichen: Ring und Mitra).

?

13 Wie heißt das jüdische Gotteshaus?

a Synode
b Synagoge
c Synedrium
d Synopse

14 Wie heißt ein Heiliger oder Engel einer bestimmten Kirche, Stadt oder eines Berufs?

a Patron
b Patriarch
c Pentateuch
d Pater

13 **b Synagoge** Versammlungsort und Gottesdienstgebäude (jiddisch: Schul). Die Gottesdiensträume sind nach Osten (Jerusalem) ausgerichtet. Wichtigster Teil der Innenausstattung ist der Schrein mit den Torarollen, das davor brennende Ewige Licht und das Lesepult.

14 **a Patron** von lat. pater. Der Heilige oder Engel soll eine Kirche, eine Stadt oder ein Land, bzw. einen Berufsstand besonders vom Himmel her schützen.

?

1 Was wird bei der Taufe durch die Salbung mit dem heiligen Chrisam verdeutlicht?

- **a** symbolische Reinigung
- **b** allgemeines Priestertum
- **c** heiliger Wohlgeruch
- **d** der Heilige Geist

2 Wie heißt der heilige Berg, der für die schintoistischen Japaner ein beliebter Wallfahrtsort ist?

- **a** Fudschijama
- **b** Tschomolungma
- **c** Kilimandscharo
- **d** Montblanc

1 2 3 **4** 5 6 7

1 **b Allgemeines Priestertum** Als Glieder des Leibes Christi (die Kirche) haben alle Anteil an diesem Priestertum. Die Salbung mit dem Chrisam – dem Priesteröl – verdeutlicht das bei der Taufe.

2 **a Fudschijama** Höchster Berg Japans (3776 m). Heiliger Berg im Schintoismus (wörtlich: Berg Gottes).

?

3 Welche Sakramente kennt die evangelisch-lutherische Kirche?

a sieben, wie in der katholischen Kirche
b Taufe und Abendmahl
c Taufe, Eheschließung, Ordination und Abendmahl
d gar keine

4 Wie viele Muslime gibt es auf der Welt?

a 2,3 Mrd.
b 1,2 Mrd.
c 230 Mio.
d 120 Mio.

1 2 3 **4** 5 6 7

3 **b Taufe und Abendmahl**
Die evangelische Kirche kennt zwei Sakramente. Es sind die Zeichen, die Jesus vor seinem Tod eingesetzt hat. Konfirmation, Buße, Ordination und Eheschließung existieren als nichtsakramentale, aber heilige und wichtige Handlungen.

4 **b 1,2 Mrd.** Muslime gibt es ca. auf der Welt.

?

5 Welche der folgenden Handlungen ist kein Sakrament in der katholischen Kirche?

a Eheschließung
b Taufe
c Beerdigung
d Beichte

6 Was ist Buddha, die zentrale Gestalt des Buddhismus?

a ein Gott
b ein Mensch, der das endgültige Heil erreicht hat
c Gott und Mensch zugleich
d ein Prophet

5 **c Beerdigung** Zwar gibt es einen Ritus für die Verstorbenen mit Requiem und christlicher Bestattung, aber Sakramente werden nur Lebenden gespendet.

6 **b Ein Mensch, der das endgültige Heil erreicht hat.** Er ist allerdings kein Gott, sondern das Beispiel für die Buddhisten, wie man durch Meditation und gute Taten und Gedanken zur Erlösung gelangen kann.

?

7 Wo stand der Tempel der Juden?

a Nazaret
b Jerusalem
c Jericho
d Damaskus

8 Wie heißen die Überreste des Leibes von Heiligen, bzw. Dinge, die sie berührt haben?

a Ikonen
b Tabernakel
c Reliquien
d Sarkophag

1 2 3 **4** 5 6 7

7 **b Jerusalem** Der Tempel wurde um 1000 v. Chr. von König Salomo erbaut. In ihm wurden die Opfer dargebracht und die Bundeslade aufbewahrt. Er wurde im Laufe der Jahrhunderte mehrfach zerstört und wieder aufgebaut.

8 **c Reliquien** Die Verehrung für die Heiligen schließt auch die Verehrung von Überresten des Leibes oder von Dingen, die die Heiligen berührt haben, ein. Dieser Kult soll aber nicht die Beziehung zu Gott ersetzen.

?

9 Was bedeutet der Begriff »Passion«?

- **a** Abendmahl
- **b** Leiden
- **c** Sendung
- **d** Gemeinschaft

10 Wie heißt der Nachfolger des Propheten Mohammed und damit Leiter der muslimischen Gesamtgemeinde in den ersten Jahrhunderten des Islam?

- **a** Kalif
- **b** Scheich
- **c** Muezzin
- **d** Pharisäer

1 2 3 **4** 5 6 7

9 **b Leiden** – Passion von lat. pati (passus sum) = erdulden. Als Passion werden die Erzählungen der vier Evangelisten über das Leiden und Sterben von Jesus Christus bezeichnet.

10 **a Kalif** Nachfolger des Propheten Mohammed und geistliches Oberhaupt des Islam.

?

11 Wie heißt die Aufnahme der 13jährigen Jungen in die jüdische Gemeinde?

a Pascha
b Bar Mizwa
c Sukkot
d Chanukka

12 Wie wird ein nur für Gott einsam im Wald oder in der Wüste lebender Mensch bezeichnet?

a Exarch
b Eremit
c Pastor
d Patriarch

1 2 3 **4** 5 6 7

11 **b Bar Mizwa** hebr. = Sohn des Gebotes. Jüdisches Fest: Aufnahme des 13jährigen Sohnes in die jüdische Kultgemeinde. Der Junge darf im Synagogengottesdienst erstmals aus der Tora vorlesen.

12 **b Eremit** von lat. eremus = Einöde. Ein Mensch, der ganz zurückgezogen wohnt, um seine Gedanken nur auf Gott zu richten.

?

13 Welches Fest wird am 15. August in der katholischen Kirche begangen?

a Mariä Himmelfahrt
b Allerseelen
c Weißer Sonntag
d Jesu Taufe

14 Wie heißt der Gebetsmantel der Juden mit den charakteristischen Fransen?

a Talar
b Tallit
c Talmud
d Tarock

1 2 3 **4** 5 6 7

13 **a Mariä Himmelfahrt** Das Fest heißt offiziell »Hochfest Mariä Aufnahme in den Himmel«. Es wird in der Kirche schon seit dem 6. Jh. gefeiert.

14 **b Tallit** Der Mantel mit Fäden (Zizit) wird zum Morgengebet umgehangen. Er soll an die Erfüllung der Gebote erinnern. Zahlenwert: 613, wie die Anzahl der Gebote, 600 Zizit + 8 Quasten + fünf Doppelknoten.

1 Woher stammt der Begriff »Wallfahrt«?

a reinigen
b wandern
c Wall
d Wahl

2 Wie heißt ein islamischer Mystiker, der durch Ekstase die Verbindung mit Gott anstrebt?

a Hadschi
b Mudschahedin
c Muezzin
d Derwisch

1 2 3 4 **5** 6 7

1 **b Wandern –** Wallfahrt von mhd. = wallen, ein anderer Begriff für gehen, wandern, meist im Bezug auf einen religiösen Gang zu einer verehrungswürdigen Stätte (Kirche) gebraucht.

2 **d Derwisch** pers. = Bettler, im Arabischen auch Fakir genannt. Bezeichnung für einen islamischen Mystiker. Er lebt in absoluter Armut und strebt die Vereinigung mit Gott durch Versetzen in Ekstase an.

?

3 Wie heißt das jüdische Laubhüttenfest zur Erinnerung an die Wüstenwanderung?

a Sukkot
b Zelot
c Halacha
d Mitra

4 Wie hieß das Fest »Darstellung des Herrn« (2. Februar) früher?

a Blasiussegen
b Mariä Himmelfahrt
c Herz-Jesu-Freitag
d Mariä Lichtmess

1 2 3 4 **5** 6 7

3 **a Sukkot** Zur Erinnerung an die Wüstenwanderung nach dem Auszug aus Ägypten, bei dem das israelische Volk in Hütten wohnte, wird das Laubhüttenfest gefeiert, bei dem man symbolisch in einer Hütte aus Zweigen wohnt.

4 **d Mariä Lichtmess** Am 40. Tag nach Weihnachten steht das biblische Geschehen im Mittelpunkt, welches in Lk 2, 22-39 beschrieben ist.

?

5 Welches Sakrament wird beim sogenannten Versehgang nicht gespendet?

a Krankensalbung
b Eucharistie
c Firmung
d Beichte

6 Wie heißt die Kapsel an den Türpfosten jüdischer Wohnungen?

a Mesusa
b Medusa
c Medina
d Messina

1 2 3 4 **5** 6 7

5 **c Firmung** Zusätzlich zum Sakrament der Krankensalbung wird vom Priester oft noch die Beichte abgenommen und die Kommunion gespendet. Die Firmung gehört nicht dazu.

6 **a Mesusa** In der Kapsel an den Türpfosten befindet sich das Hauptgebet der Juden (Sch'ma), und durch ein Fensterchen liest man den Gottesnamen »Schaddaj«.

?

7 Welche Bedeutung hat das Fronleichnamsfest?

a Gedenken der Toten
b Gedenken an die Abschaffung der Leibeigenschaft
c Verehrung des Kreuzes
d Verehrung der Eucharistie

8 Wie heißen die heiligen Schriften des Hinduismus?

a Koran
b Bibel
c Veden
d Tora

1 2 3 4 **5** 6 7

7 **d Verehrung der Eucharistie** Fronleichnam von mhd. »Leib des Herrn«. Katholisches Fest am Donnerstag nach dem Dreifaltigkeitssonntag. Es wird mit einer Prozession gefeiert.

8 **c Veden** Als die heiligen Schriften des Hinduismus bilden sie den gemeinsamen Bezugspunkt der verschiedenen Richtungen des Hinduismus.

?

9 Wie nennt man die Darstellung der trauernden Mutter Maria mit dem toten Jesus auf dem Schoß?

a Gloriosa
b Loreto
c Piéta
d Magnificat

10 Wie heißt der jüdische, siebenarmige Leuchter?

a Menora
b Tora
c Bar-Mizwa
d Chassid

1 2 3 4 5 6 7

9 **c Piéta** Die Szene ist nicht biblisch bezeugt, aber durchaus realistisch, da die Frauen bei der Kreuzigung dabei waren.

10 **a Menora** Der siebenarmige Leuchter diente als kultisches Gerät im zweiten Tempel. Nach der Zerstörung brachte man die Menora im Triumph nach Rom, wie die Abbildung auf dem Titusbogen zeigt.

?

11 Wie fängt das Gebet »Gegrüßet seist du, Maria«im Lateinischen an?

a Maria virgine
b Regina coeli
c Ave Maria
d Maria nostra

12 Wie heißt das offizielle Gebet der Muslime, welches fünfmal am Tag gebetet wird?

a Salär
b Salomon
c Saaba
d Salat

1 2 3 **5** 4 6 7

11 **c Ave Maria** lat. ave = sei gegrüßt. Das Gebet geht auf die Verkündigung der Geburt Jesu durch den Engel Gabriel (Lk 1, 28) und auf den Besuch Marias bei Elisabet zurück (Lk 1, 42).

12 **d Salat** Fünfmal am Tag wird zur Salat (Verbeugung), zum offiziellen Gebet des Islam gerufen: Mit Leib und Seele sollen sich die Muslime dem Schöpfer zuwenden.

?

13 Wie wird eine Spaltung der dem Papst unterstehenden Kirche, ohne dass die Lehre geleugnet wird, bezeichnet?

a Dogma
b Zeugma
c Schisma
d Magma

14 Was haben alle Christen gemeinsam?

a das Kreuzzeichen
b die Kniebeuge
c Selbstverwaltung der Gemeinden
d die Taufe

1 2 3 4 **5** 6 7

13 **c Schisma** griech. = Spaltung. Besonders gravierend war die Spaltung in Ost- und Westkirche 1054. Die Lehren der beiden Kirchen sind sich sehr ähnlich geblieben, die Frage des Primats des Papstes führt bis heute zu starken Spannungen.

14 **d Taufe** Sie verbindet die Christen miteinander. In der Taufe wird der Glaube an den dreifaltigen Gott bezeugt.

?

1 Wie heißt die Überzeugung der lutherischen Christen, dass der Glaube und nicht die guten Werke über das Heil der Menschen entscheidet?

a Glaubenslehre
b Lutherdogma
c Rechtfertigungslehre
d Codex fidei

2 Wie heißt das rituelle Schlachten im Judentum?

a Schächten
b Cheder
c Kaddisch
d Mikwe

1 2 3 4 5 **6** 7

1 **c Rechtfertigungslehre** Luther stellte den Glauben in den Mittelpunkt der Religion. Heute sind diese theologischen Diskrepanzen durch die Gemeinsame Erklärung zur Rechtfertigungslehre der kath. und evang. Kirche weitestgehend ausgeräumt.

2 **a Schächten** Das Tier muss so geschlachtet werden, dass es vollständig ausblutet.

?

3 Warum wird das jüdische Purim-Fest gefeiert?

a Gedenken an Ester, die Israel vor dem Verderben rettete
b Versöhnungsfest
c Neujahrsfest
d Erinnerung an die Wüstenwanderung

4 Was versteht man unter einem Codex?

a Todesurteil
b Geheimschrift
c Gesetzessammlung
d Abschrift

1 2 3 4 5 **6** 7

3 **a Gedenken an Ester, die die Israeliten vor dem Verderben rettete** – Purim: Fröhliches jüdisches Fest, welches im Februar ausgelassen und fröhlich gefeiert wird: die Kinder verkleiden sich – die Erwachsenen sind zur Fröhlichkeit »verpflichtet«.

4 **c Gesetzessammlung** – Codex von lat. caudex = Baumstamm, Holztafeln. Sammlung für inhaltlich zusammengehörende Texte, im engeren Sinne Bezeichnung für Gesetzessammlungen.

?

5 Wann wurde der Jerusalemer Tempel endgültig von den Römern zerstört?

a 33 n. Chr.
b 70 n. Chr.
c 130 n. Chr.
d gar nicht

6 Wie wird die Vergebung in der Beichte im Lateinischen genannt?

a Abstinenz
b Immanenz
c Absolution
d Inkarnation

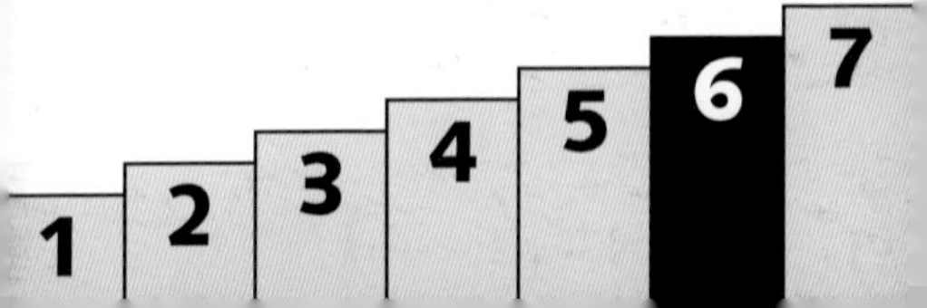

5 **b 70 n. Chr.** Im Jahre 66 n. Chr. begann der Befreiungskampf der Juden gegen die Römer unter Führung der Zeloten. Dieser wurde blutig niedergeschlagen. Danach zerstreuten sich die Juden allmählich über ganz Europa und Kleinasien.

6 **c Absolution** von lat. absolutio = Freisprechung. Lossprechung von der Sünde durch den Priester bei der Beichte.

?

7 Wie wird ein Gebiet mit religiöser oder konfessioneller Minderheit bezeichnet?

a Dogma
b Diaspora
c Dialektik
d Didache

8 Wie nennt man die Schlussformel des Vaterunsers »Denn dein ist das Reich…« noch?

a Gloria
b Doxologie
c Refektorium
d Benediktion

1 2 3 4 5 **6** 7

7 **b Diaspora** von griech. diaspeirein = zerstreuen. Lebensraum einer religiösen oder konfessionellen Minderheit, zuerst auf die Zerstreuung der Juden in alle Welt im 1. Jh. n. Chr. angewendet.

8 **b Doxologie** von griech. doxa = Ruhm, Ehre. Feierlicher Lobpreis Gottes.

?

9 Wie heißen die Gebetskapseln, die der gläubige Jude während des Gebets mit Riemen am Kopf und am linken Arm befestigt?

a Zaddik
b Kiddusch
c Kaftan
d Tefillin

10 Eine große Gottheit des Hinduismus heißt …

a Jehova
b Brahma
c Karma
d Zeus

9 **d Tefillin** Quadratische Behältnisse aus Rindsleder, welche Pergamente mit Sprüchen aus dem Buch Mose enthalten und beim Beten um Stirn und Arm gebunden werden. Die Buchstaben auf den Tefillin ergeben das Wort »Schaddaj« (Gottesname).

10 **b Brahma** Schöpfergott in der hinduistischen Lehre.

?

11 Wie werden Geistliche Übungen zur inneren Einkehr bezeichnet?

a Exorzismus
b Exstase
c Exegese
d Exerzitien

12 Was bedeutet der Begriff »Charisma«?

a Gnadengabe
b Vergebung
c Ausschluss
d Unterweisung

1 2 3 4 5 **6** 7

11 **d Exerzitien** lat. = Übungen. Schon im alten Mönchtum waren Einübungen zur Vertiefung des Glaubens bekannt. Die Exerzitien von Ignatius von Loyola sind bis heute die Grundlage vieler Exerzitien, die meist in Stille und Sammlung stattfinden.

12 **a Charisma** griech. = Gnadengabe, Geistesgabe. Damit sind Gaben des Geistes Gottes gemeint, die den einzelnen der Gemeinde zum Wohle der Gemeinschaft verliehen werden.

?

13 Was bedeutet der Begriff »Caritas«?

- **a** Vergebung
- **b** Liebe
- **c** Gemeinschaft
- **d** Glaube

14 Wie heißen die ersten fünf Bücher (Mose) der Bibel im jüdischen Sprachgebrauch?

- **a** Kabbala
- **b** Talmud
- **c** Tora
- **d** Bar-Mizwa

13 **b Liebe** lat. = caritas. Sie gilt als die dritte und wichtigste theologische Tugend. Meist wird damit die organisierte kirchliche Hilfeleistung (Caritasverband) bezeichnet, die sich aus der Nächstenliebe ergibt.

14 **c Tora** Die Herkunft des Wortes ist umstritten (»Gesetz«, »Wille Gottes«, »Weisung«). Im Judentum genießen die Tora-Rollen größte Verehrung.

?

1 Wie lautet der eigentliche Name des Religionsgründers Buddha?

a Zarathustra
b Siddharta Gautama
c Hare Krishna
d Bhaktivedanta Swami

2 Die Lehre welches griechischen Philosophen hat Thomas von Aquin in die christliche Lehre eingebracht?

a Plato
b Sokrates
c Aristoteles
d Demokrit

1 2 3 4 5 6 **7**

1 **b Siddharta Gautama –** früherer Name von Buddha, geb. um 560 v. Chr. als Sohn eines Königs im heutigen Nepal. Gründer des Buddhismus (siehe Buddha).

2 **c Aristoteles** Thomas von Aquin (1225–1274), Dominikaner und Professor in Paris und Italien, ist einer der bedeutendsten Kirchenlehrer, da er tiefe philosophische und theologische Gedanken mit mystischer Frömmigkeit verband.

?

3 Wie lautet der Begriff für die Ordensgelübde »Armut, Gehorsam und Keuschheit«?

a Evangelische Räte
b Kardinalstugenden
c Klausur
d Katholische Aktion

4 In welchem Land leben heute die meisten Juden?

a Israel
b USA
c Kanada
d Brasilien

1 2 3 4 5 6 **7**

3 **a Evangelische Räte** Jesus gibt im Evangelium den Rat, diese Lebensform anzustreben, die er selbst vorgelebt hat (z.B. Mt 19, 16-30): Armut, Ehelosigkeit und Gehorsam.

4 **b USA** In den USA leben ca. 4 Mill. Juden, in Israel ca. 2 Mill. Die übrigen ca. 8 Mill. verteilen sich auf verschiedene Länder.

?

5 Wie heißt das jüdische Versöhnungsfest?

a Mischna
b Zion
c Jom Kippur
d Purim

6 Wie lautet der Fachbegriff für die wissenschaftliche und theologische Bibelauslegung?

a Exarch
b Exitus
c Exegese
d Exodus

1 2 3 4 5 6 7

5 **c Jom Kippur** Versöhnungstag. Höchster jüdischer Feiertag, Fasttag mit ganztägigem Gottesdienst. Fällt in den September oder Oktober.

6 **c Exegese** von griech. exegeistai = erzählen, erklären. Die biblische Exegese will die Heilige Schrift mit wissenschaftlichen Mitteln auslegen und theologisch interpretieren.

?

7 Wie heißt der systematische Abriss der Glaubenslehre einer Kirche?

a Credo
b Katechismus
c Bibelkommentar
d Litanei

8 Wie nennt man Menschen, die ein Leben der Enthaltsamkeit führen?

a Asketen
b Scholaren
c Diakone
d Katechumenen

1 2 3 4 5 6 **7**

7 **b Katechismus** Ursprünglich die Glaubensunterweisung selbst, seit der Reformation das Buch, welches der Glaubensunterweisung dient.

8 **a Asketen** von griech. askesis = Übung, Verzicht. In der Askese löst sich der Mensch von der Umklammerung durch Besitz, Gewohnheiten und Abhängigkeiten, um für die Liebe zu Gott und zu den Mitmenschen frei zu sein.

?

9 Wie heißt das jüdische Neujahrsfest?

a Chanukka
b Jom Kippur
c Sukkot
d Rosch-ha-Schana

10 Wie heißt die Lehre von der Vorherbestimmung des persönlichen und allgemeinen Lebens durch Gott?

a Inkarnation
b Eschatologie
c Prädestination
d Dogmatik

1 2 3 4 5 6 7

9 **d Rosch-ha-Schana** Jüdisches Neujahrsfest im Monat September. Der jüdische Kalender zählt die Jahre seit der Erschaffung der Welt.

10 **c Prädestination** Die Lehre besagt, dass alles von Gott vorherbestimmt ist und der Mensch eigentlich keinen freien Willen hat. Die Kirche sagt, dass Gott zwar einen Plan für das gute Leben der Menschen hat, aber der Mensch frei ist, diesem Plan zu folgen oder nicht.

?

11 Wie heißt die Frage nach der Rechtfertigung Gottes, d.h. warum Gott Böses, Leid und Tod in der Welt zulässt?

- **a** Theologie
- **b** Theokratie
- **c** Theodizee
- **d** Theophanie

12 Wie heißt die Kultstätte des Buddhismus, in dem Reliquien aufbewahrt werden?

- **a** Pagode
- **b** Ganges
- **c** Shinto
- **d** Sherpa

1 2 3 4 5 6 **7**

11 **c Theodizee** von griech. theos = Gott; dike = Recht. Die Frage, warum der gute Gott Leid und Unglück in der Welt zulässt.

12 **a Pagode** Sehr großer Reliquienbehälter im Buddhismus, mit den typischen sich nach oben verjüngenden Geschossen. Die Pagode kann die Ausmaße eines Tempels annehmen.

13 Wie heißt die Bewegung, die sich für einen unabhängigen Staat Israel einsetzte?

- **a** Chassidismus
- **b** Semitismus
- **c** Zionismus
- **d** Judaismus

14 Wie heißt die hinduistische Lehre über die Form der Wiedergeburt?

- **a** Vischnu
- **b** Veden
- **c** Krischna
- **d** Karma

13 **c Zionismus** ist die religiös politische Orientierung am Land Israel als dem verheißenen Land mit dem Ziel einer Wiederbegründung des jüdischen Staates.

14 **d Karma –** hinduistische Lehre von der Anhäufung von Gedanken und Taten, welche über die Form der Wiedergeburt entscheidet.

Herausgegeben von Robert Rothmann

Bibliografische Information
Der Deutschen Bibliothek
Die Deutsche Bibliothek verzeichnet diese Publikation in der Deutschen Nationalbibliografie; detaillierte bibliografische Daten sind im Internet über http://dnb.ddb.de abrufbar.

ISBN 3-7462-1588-9

Gestaltung: Ulrike Vetter, Leipzig
Gesamtherstellung: Arnold & Domnick, Leipzig

Was bedeutet das Wort »Christus«?
Wie heißt das jüdische Gotteshaus?
Wie heißt das heilige Buch des Islam?

Diese und viele andere Fragen werden in diesem Quiz-Spiel gestellt und ausführlich beantwortet, eine faszinierende Reise durch die Welt der Religionen

Quiz-Spiel Kirche
ISBN 3-7462-1589-7

Quiz-Spiel Bibel
ISBN 3-7462-1590-0

ISBN 3-7462-1588-9
9783746215884